Le rappel historique

Comme on aime à le répéter pour un oui ou pour un non, la nature fait bien les choses. Et pourtant, n'oublions pas qu'au tout départ, ce n'était pas gagné...

En effet, la fille des débuts était plutôt grognonne, fainéante, un rien sale, pas trop prêteuse et goinfre à l'occasion.

Bref, rien de bien réjouissant.

La bonne nouvelle est que cette miss préhistorique évolua vite fait, de façon vertigineuse...

Hélas, trois fois hélas, **la mauvaise nouvelle** est que cette évolution formidable n'apporta pas toutes les améliorations que l'on aurait pu souhaiter.

Jugez plutôt :

Il subsiste, aujourd'hui encore,
chez bien des filles, un je-ne-sais-quoi
de négligé et de bof **qui ne fait pas classe du tout...**

L'ART ET LA MANIÈRE d'être une fille géniale !

Petit manuel de la politesse et des bonnes manières

Textes : Irène Colas
Illustrations : Magali Fournier

MILAN jeunesse

L'étude à la loupe

Des bonnes manières, mais pour quoi faire ?

En effet, la question est judicieuse et réclame une sérieuse explication...

Comme vous l'aurez peut-être constaté, l'être humain est d'une curiosité dévorante : il passe une bonne partie de sa vie à observer les autres...

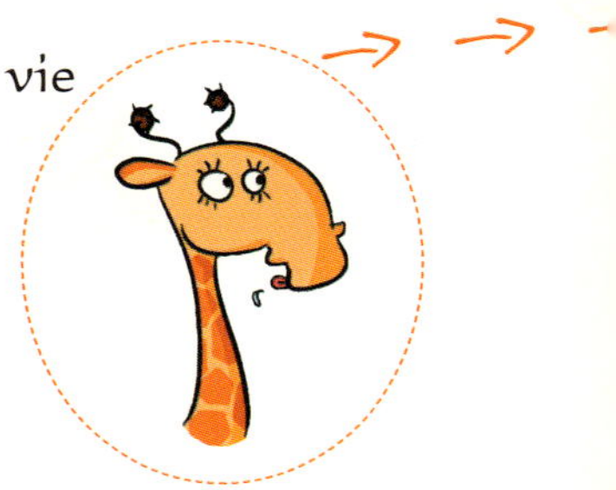

Et c'est à juste titre car cette observation quasi scientifique se révèle souvent très instructive à tous points de vue...

En effet, chacun peut ainsi
se faire, tout naturellement,
une idée très précise sur
son voisin ou sur sa voisine...

Toutefois, ce n'est pas
sans conséquence,
car il suffit souvent
de trois fois rien
pour que l'on vous
colle une étiquette
de fille dégueu, crado,
pas fréquentable...

Voici pourquoi, afin d'améliorer grandement vos relations avec les autres, **vous utiliserez, tous les jours et sans compter, de bonnes manières !** Et vous ne le regretterez pas, croyez-moi !

LE CALCUL PAS NUL

Testez-vous !

Et si l'on évaluait vos connaissances ? À quel niveau vous situez-vous sur la très sérieuse échelle des bonnes manières ? Vous pensez être la fille la plus classe de la planète ? C'est bien ce que nous allons vérifier avec le **test** qui suit...

Répondez le plus sincèrement possible aux questions.

1. Vous renversez votre verre à la cantine...

a ☆ Vous criez haut et fort que c'est la faute de votre voisine...

b ☆ Vous attrapez son écharpe pour éponger...

c ☆ Vous attendez que la dame de cantine vienne nettoyer...

2. Une fille de votre classe se moque de vous dans votre dos.

a ☆ Vous la coincez dans un coin et vous lui dites clairement ce que vous en pensez...

b ☆ Vous faites la même chose qu'elle de votre côté...

c ☆ Vous allez le dire à votre prof...

3. Vous avez la meilleure note en maths...

a ☆ Vous affichez une banane d'enfer : vous êtes hyperfière...

b ☆ Vous faites comme si de rien n'était pour ne pas faire de peine à votre voisine...

c ☆ Et alors ? Vous êtes toujours la meilleure en maths...

4. Vous entrez dans un restaurant avec votre arrière-grand-mère...

a ☆ Vous la laissez entrer la première car c'est toujours les gens les plus âgés d'abord, c'est bien connu...

b ☆ Vous passez devant elle pour lui tenir la porte car, franchement, elle ne tient pas trop sur ses guiboles...

c ☆ Vous évitez le plus possible d'aller au restaurant avec elle car vous finissez toujours par vous ennuyer...

5. Vous trouvez un billet de 10 euros dans la rue...

a ☆ Vous demandez à tout le monde pour savoir qui l'a perdu...

b ☆ Et hop ! Vous le mettez dans votre poche...

c ☆ Vous ne ramassez jamais d'argent dans la rue, c'est trop vulgaire...

6. Vous avez le nez qui coule mais pas de mouchoir...

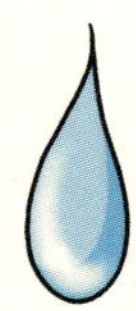

a ☆ Vous vous mouchez dans votre manche...

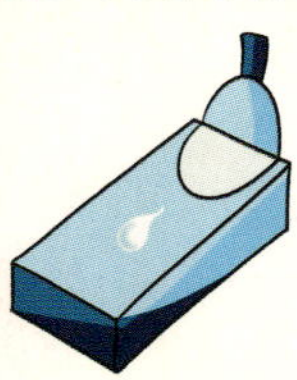

b ☆ Vous reniflez en essayant de ne pas imiter le cri du cochon...

c ☆ Vous vous mettez un doigt dans chaque narine histoire de « faire bouchon »...

Les bonnes réponses...

En 1

Aucune des trois réponses n'était bonne. Il fallait commencer par s'excuser, bien sûr !
Si vous n'avez rien répondu, vous gagnez un **bonbon**.
Sinon, voici une **cacahouète**.

En 2

Réponse a, voici un **bonbon**.
Eh oui ! il est souvent préférable de s'expliquer clairement.

En 3

Réponses a et b, un **bonbon**.
Réponse c : un rien prétentieuse ? Vous récoltez une **louche de caviar**...

En 4

Réponse b, un **bonbon**.
Réponse c : ce n'est vraiment pas très gentil de votre part.
Vous gagnez une **cacahouète**.

En 5

Réponse b, un **bonbon**.
Réponse c : puisque vous faites vraiment la fière, prenez donc une **louche de caviar**.

En 6

Aucune des trois réponses n'était bonne. Si vous n'avez pas répondu, vous gagnez un **bonbon**.
Sinon, vous récoltez encore une **cacahouète** !

Et maintenant, faites vos comptes.

Regardez à présent votre niveau sur l'échelle **des bonnes manières...**

ATTENTION
si vous avez récolté des cacahouètes ou des louches de caviar, vous êtes obligée de jeter tous vos bonbons, ici, dans cette corbeille.
Oui, je sais, c'est assez injuste.

SOMMAIRE

ÉTAPE 1

Soyez au mieux avec vous-même

Comme nous l'avons déjà vu, la nature n'a pas fait de nous des êtres parfaits. Car un corps, l'air de rien, c'est turbulent et capricieux. Vous serez donc contrainte à quelques efforts...

À utiliser sans compter :
votre cerveau qui est le grand maître d'école de tous ces mauvais élèves !

Doigts sous haute surveillance

Les doigts ne peuvent s'empêcher de toucher, tripoter ou gratouiller… Pire, ils sont au nombre de dix ! Si bien que, si l'un fait l'andouille, il entraîne irrémédiablement tous les autres. Et alors, bonjour le chahut !

À ÉVITER

- **Les ongles noirs** qui laissent supposer que vous ne vous lavez les mains qu'une fois tous les trois jours.
- **Le grattage consciencieux** car, à la différence des chiens, nous ne sommes pas censés avoir des puces.
- **Le doigt dans la purée,** même si la purée a toujours été meilleure avec le doigt qu'avec la cuillère.
- **Les mains enfoncées** dans les poches jusqu'aux coudes lorsque vous êtes interrogée au tableau…

→ → → → → → → → → → →

* Le cas bien connu du doigt dans le nez

Eh oui ! L'index a une furieuse tendance à se fourrer dans les narines pour y pêcher… on sait bien quoi… Pourtant, l'effet visuel qu'il produit est tout à fait déplorable, ma chère !

Spécial mauvaise haleine

Encore faut-il être au courant que l'on a mauvaise haleine ! Vous pourrez facilement effectuer un petit test sur votre animal de compagnie qui lui ne vous en tiendra sûrement pas rigueur…

À la moindre suspicion de mauvaise haleine, **viiiite**, il faut faire appel à la menthe extraforte ultrapuissante : dentifrice, bonbons, chewing-gums, tout ce que vous voudrez !

En cas de persistance du symptôme et malgré de consciencieux lavages de dents, vous n'hésiterez pas à consulter votre dentiste, pour le bien-être de vos amis les plus… **proches** !

ATTENTION

aux aliments très porteurs de mauvaise haleine :

- Les vieux fromages qui sentent les pieds.
- Les oignons crus ainsi que l'ail, réservés aux vampirellas.
- Le chocolat par paquets de dix, qui vous déglinguera le foie en moins de deux.

Pets, rots et autres bruits incongrus...

Hélas sans doute, la nature nous a dotés d'une formidable tuyauterie intestinale capable de produire toutes sortes de bruits aussi multiples que variés...

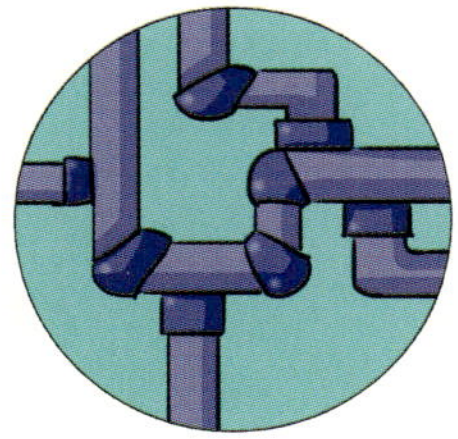

EN CAS D'URGENCE...

Si vous sentez que vous ne pourrez éviter le bruit, le mieux sera de vous expatrier de façon « **cyber rapide** » dans une pièce voisine. Excusez-vous rapidement en prenant un air fort contrarié !

Lorsqu'il est trop tard...

Excusez-vous platement mais attendez-vous quand même à quelques moqueries...

S'il vous plaît, n'accusez pas votre voisin : ce n'est vraiment pas très élégant, même si c'est une astuce très utilisée !

Le cas embarrassant des boissons gazeuses...

Certaines personnes supportent mal les boissons à bulles. Leur estomac se défend en produisant une réaction explosive semblable à celle d'une éruption volcanique.

Deux catastrophes naturelles sont alors à redouter :
- le rot monstrueux,
- l'éternuement phénoménal.

Il faudra donc remplacer, de toute urgence, la limonade par la grenadine à l'eau plate.

« Snif ! Atchiiii ! Keuf keuf ! »

Les manifestations respiratoires aussi sont un souci de tous les instants.

Le nez qui coule ne se renifle pas mais se mouche discrètement. Choisissez si possible autre chose que votre manche.

La toux se tousse, oui, mais sans postillonner sur votre voisine, la main devant la bouche.

Le bâillement est plutôt gênant car il laisse à penser que vous vous ennuyez. Trouvez une bonne excuse et n'ouvrez pas la bouche tel l'hippopotame qui a passé une nuit blanche. Grâce à votre main, vous cacherez l'état clinique de vos amygdales...

L'éternuement est souvent irrépressible, bruyant, voire postillonnant... Si vous savez à l'avance et par expérience qu'il s'agira d'un éternuement de mammouth, utilisez la technique de l'autruche : enfouissez votre tête sous un pull... Vous pouvez aussi vous pincer les arêtes du nez pour atténuer l'effet « ouragan ».

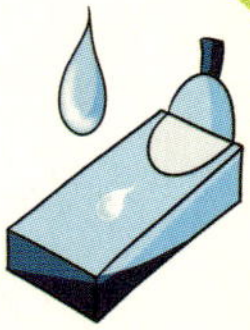

Notre conseil anticatastrophique

Il faut toujours avoir un paquet de mouchoirs dans sa poche. En effet, on prévoit rarement le moment où l'on va pleurer. Et là, sans rien pour se moucher, c'est l'horreur, croyez-en ma propre expérience...

Si c'est une copine qui pleure, offrez-lui votre mouchoir, ça n'a l'air de rien mais c'est très réconfortant...

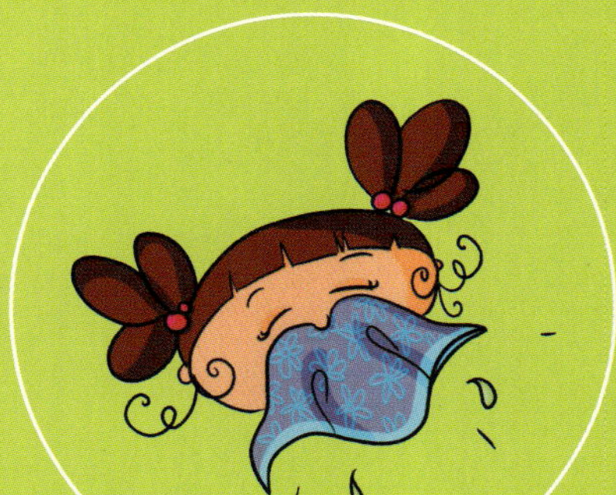

Utilisez des fringues qui vont bien...

Voici la tenue vestimentaire exigée à l'école des filles, il y a 50 ans...

À défaut d'être hypertendance, on peut apprécier le côté pratique d'une telle tenue : la *blouse* surtout protégeait efficacement des taches d'encre du *porte-plume* et les *tresses* faisaient que l'on n'avait jamais les cheveux dans la figure.

Le cartable en cuir, en revanche, pesait 3 tonnes même quand il était vide et les chaussures avec les socquettes, **un peu bof, c'est vrai...**

Aujourd'hui, heureusement, rien n'est plus pareil.
Les boutiques de modes ont poussé comme des champignons et l'uniforme n'est plus que rarement de rigueur.
Mais tout de même, **prenez garde** aux dérapages qui rendent parfois ridicule...

Par exemple :

- Au sport et au tennis en particulier, attachez les lacets de vos baskets si vous espérez toucher la balle...

- Évitez le pantalon qui traîne par terre, les jours de pluie, en raison de son effet serpillière...

- Évitez le saupoudrage tous azimuts de paillettes et autres décorations de Noël ainsi que la tenue poupée Barbie pour aller à l'école...

- Laissez votre jogging ou votre jean au placard si vous allez à l'opéra et oubliez votre tenue kaki paramilitaire si vous assistez à un baptême...

- ATTENTION au nombril « à l'air » qui a le don d'agacer la directrice à l'école...

* Soyez fraîche à tout prix !

Être fraîche ne signifie pas sortir du réfrigérateur, mais être propre, correctement peignée, avec des vêtements qui sentent bon, sans tache de gras ou de quoi que ce soit d'autre.

Avez-vous des questions ?

Que faire lorsque l'on est à côté de quelqu'un qui renifle sans arrêt ?

La bonne éducation voudrait que vous vous absteniez de toute remarque désobligeante, du style :

« Hé ! On n'est pas chez les porcs ici ! »

Proposez donc un mouchoir accompagné d'un sourire entendu. Vous lui ferez ainsi comprendre, sans rien dire, combien c'est énervant d'entendre renifler les autres.

ÉTAPE 2

Comment s'y prendre avec les autres ?

Le premier principe est fort simple : vous devez saluer toutes les personnes que vous connaissez, celles qui vous sont présentées et aussi celles que vous croisez dans l'ascenseur.

Exercice

Reliez la bonne formule à la bonne personne…

Votre copine Vanessa ●

Votre prof de maths ●

Madame la comtesse de Quisselapète ●

Votre petit frère ●

● **« Bonjour, Madame. »**

● **« Agueu agueu ! Gouzi gouzi ! »**

● **« Salut ! Trop cool, ton nouveau portable ! »**

● **« Mâdââme… »**

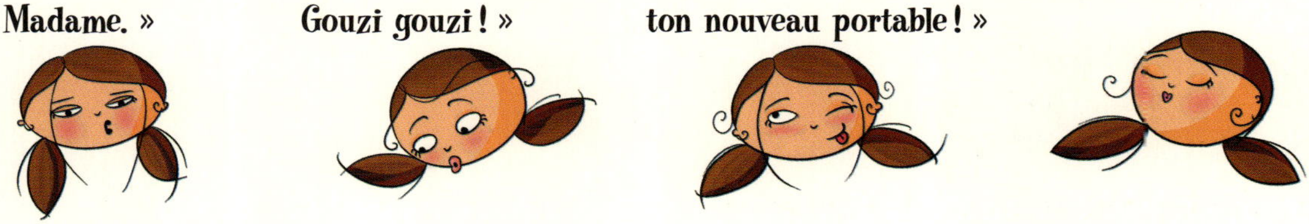

Posez-vous la bonne question :

Direz-vous bonjour à votre prof de maths de la même façon qu'à votre copine ? (**Attention**, cette expérience n'est pas à tenter en vrai sous peine de récolter deux heures de colle…)

Tout l'art de se présenter

Lorsque l'on se présente à quelqu'un d'autre, le mieux est de faire court et efficace. La plupart du temps, donner son prénom est suffisant. Mais vous pouvez aussi ajouter une petite indication qui intéressera certainement votre interlocuteur...

Exercice

Classique et bien :

« Bonjour, je m'appelle Zoé, j'ai 11 ans et demi. »

Ou encore :

« Je m'appelle Zoé, je suis dans la classe de votre fille. Moi aussi, j'adore les poneys ! »

Plutôt prétentieuse :

« On m'appelle Zoé, la reine du hip-hop. En plus, j'suis une pro du roller et j'ai acheté mes baskets aux États-Unis... »

Plutôt pas sûre d'elle :

« Je m'appelle Zoé
et en plus, j'suis
nulle en maths... »

Plutôt pas intéressante :

« Moi, c'est Zoé.
Je fais une collection
de bigorneaux de Concarneau
et de plumes de mouette
ne dépassant pas 10 cm. »

Plutôt pas cool :

« J'm'appelle Zoé
et je me demande bien
ce que ça peut te faire ! »

L'air de rien, cet exercice
des présentations est
assez difficile.
Vous aurez à le renouveler
très souvent au cours
de votre vie !

Alors, entraînez-vous

et pas qu'un peu !

Présentez vos amis à vos parents

Toujours incroyablement « je-me-mêle-de-ce-qui-ne-me-regarde-pas », les parents aiment bien savoir avec qui leur fille passe le plus clair de son temps. Alors, différentes façons de faire sont possibles :

Sur le trottoir, on fait fastoche...
« Maman, voici Vanessa qui est dans ma classe cette année. »

À la maison, on met tout le monde à l'aise avec un peu d'humour, par exemple...
« Papa, voici Vanessa. Tu sais, je t'en ai déjà parlé : c'est sur elle que je copie pendant les dictées... »

ON ÉVITE :

« M'man, P'pa, c'est Vaness'. Viens, on se tire dans ma chambre... »

Présentez vos amis à votre arrière-grand-mère

Les consignes sont sensiblement les mêmes que celles de la page précédente. Peut-être faudra-t-il tenir compte du volume sonore afin de ne pas avoir à répéter deux ou trois fois le prénom.

Évitez aussi les remarques qui ne diraient rien à votre arrière-grand-mère, du type :
« Mamie Ginette, voici Vanessa. C'est une fan de Priscilla ! Elle l'a déjà vue deux fois en concert, elle s'est trop éclatée ! Pas vrai, Vaness' ? »

À noter : on est bien loin des marques de politesse que l'on utilisait à la Renaissance comme la révérence ou le baisemain...

Tutoyer ou vouvoyer ?

Il faut le savoir : les adultes disent « **tu** » aux enfants. En plus, il leur arrive d'ajouter des remarques hyperénervantes, du style : « **ma petite chérie** », « **ma cocotte** », « **mon petit bouchon** », qui vous mettent bien la honte et cela alors même que parfois ils ne vous connaissent pas !

Disons-le, c'est **insupportable**, d'autant plus que vous n'êtes pas autorisée à tutoyer les adultes d'emblée, à moins que ce ne soit de très bons amis de la famille...

À noter : en anglais, c'est bien plus facile, on dit « **you** » à tout le monde !

Certains enfants disent « **vous** » à leurs parents. Il n'y a pas de quoi s'en moquer : ce sont de vieilles traditions familiales.

Des mots pour le dire...

Expérience intéressante

Ces mots courants et très banals s'utilisent plusieurs fois par jour et plutôt trop que pas assez.

Exercice

à l'usage de celles qui pensent encore que ces petits mots de politesse ne servent à rien :

« Excuse-moi, tu peux me passer le sel, s'il te plaît ? Merci ! »

Dans la phrase ci-dessus, remplacez...
« **Excuse-moi...** » par « **Hé ! Toi là-bas...** »,
« **s'il te plaît...** » par « **plus vite que ça !** »,
« **Merci !** » par « **Ah, quand même, c'est pas trop tôt !** »...
et constatez l'effet que cela produit sur quelqu'un de votre entourage. Vous m'en direz des nouvelles...

Petit bric-à-brac de bonnes manières

➜ Répondez sans attendre, par **oui** ou par **non**, aux invitations que vous recevez et ne changez pas d'avis comme de chemise...

➜ Frappez aux portes **avant** d'entrer (mais pas avant de sortir)...

➜ Demandez **pardon** lorsque vous passez très près de quelqu'un, surtout si vous lui marchez sur les pieds...

➜ Il est tout à fait impoli de se faire des messes basses entre copines : vous le comprendrez facilement, vous qui avez horreur que l'on dise des choses sur vous dans votre dos...

Personne n'est parfait...

Malgré toute la bonne volonté dont vous allez faire preuve (je n'en doute pas), il vous arrivera forcément, un jour ou l'autre, de commettre une bourde, une bêtise ou une gaffe.

Ne faites jamais comme si de rien n'était et excusez-vous vivement si vous ne voulez pas vous exposer à de redoutables fâcheries, bouderies ou pire, vengeances et représailles !
Sachez que les formules correctes à utiliser sont :
« **veuillez m'excuser** », « **excusez-moi** »
ET NON PAS « **je m'excuse** ».
Car on n'impose pas des excuses, on les demande !

Arrivée en retard ?

Cela arrive inévitablement un jour ou l'autre : vous êtes en retard.

Dans tous les cas, votre entrée se fera discrète, sans tambour ni trompette et vous aurez, sous le coude, une excuse valable. Au-delà de 20 minutes de retard, il faut souvent penser à téléphoner. Vous serez alors tout excusée.

À l'inverse, si vous ne le faites pas, on vous trouvera drôlement gonflée... Si vous ne voulez pas qu'une bonne copine vous fasse la tête pendant trois jours, ne la faites jamais poireauter sur le trottoir : il n'y a rien de plus énervant !

Prudence...

Une excuse **bidon** pour un retard :

- une fois, oui,
- deux fois, à la rigueur,
- au-delà de trois fois, on va vous prendre pour une sacrée menteuse !

Pensez-y !

Cela paraît tout bête à dire mais si une copine vient passer un moment de l'après-midi chez vous, **vous devez lui proposer quelque chose à boire** (et cela même si vous-même n'avez pas soif du tout !). Votre amie ne vient pas de traverser le désert, certes, mais il s'agit ici de **faire preuve d'attention et de convivialité !**

Sur les coups de 16 ou 17 heures, un petit goûter est toujours le bienvenu.

Prenez des initiatives !

De la même façon, peut-être avez-vous, de temps en temps, la chance d'inviter une copine à dormir à la maison.
Le lendemain matin, prenez les choses en main et préparez-lui un bon petit déjeuner :

- un verre de jus d'orange
- des céréales servies dans des bols
- des fruits
- quelques tartines
- un thé ou un chocolat chaud selon sa convenance
- des yaourts

... et même, pourquoi pas, quelques tranches de gruyère...

Présentez les choses joliment et faites preuve d'initiative, vous surprendrez agréablement votre amie.

Voilà qui s'appelle être une vraie maîtresse de maison !

Sachez recevoir lors d'une soirée pyjama

(Si vous êtes du genre « couche-tôt », ne vous lancez pas dans cette audacieuse aventure.)

Votre devoir en tant que maîtresse de maison est de recevoir vos amis dignement, comme ils le méritent. Voici donc quelques bons conseils qui feront de votre soirée un succès assuré :

- Il faut le savoir, lors d'une soirée pyjama, on s'endort toujours trop tard...
- Évitez de proposer un jeu de petits chevaux.
- Une musique tendance et un peu trop forte sera très cool.
- Prévoyez pizzas, hamburgers, frites et Coca-Cola (surtout, rien de diététique...).
- Mettez vos parents devant un bon DVD.
- 4 tonnes de bonbons, pop-corn et glaces suffiront pour le dessert.

Vos parents ne souhaitent plus renouveler cette formidable expérience de la soirée pyjama ? C'est plutôt bon signe : vos amis, eux, en garderont sûrement un souvenir d'enfer...

L'usage du chewing-gum

Le « mâchage » intempestif du chewing-gum est souvent insupportable pour les autres. Pour mieux vous en rendre compte, organisez-vous un tête-à-tête avec un chameau qui rumine ou une girafe qui mâchonne : vous verrez comme c'est énervant cet air qu'ils ont de n'en avoir rien à faire de vous...

Si vous êtes la reine de la bulle, réservez vos talents à vos copines et méfiez-vous des vents contraires qui vous conduiront directement chez le coiffeur...

En revanche et pour défendre ce mal-aimé des salles de classe, un chewing-gum sans sucre est tout à fait bénéfique si l'on ne peut se laver les dents après manger.

Pour se débarrasser d'un chewing-gum, on évite...

- De le cracher sur le trottoir sans penser à celui qui le récupère sous sa chaussure...
- De le coller sous une table ou une chaise...
- De le jeter à la poubelle sans l'avoir au préalable enveloppé dans un papier.

Faut-il savoir compter pour partager ?

Exercice

Vous rentrez de l'école à 16 heures 33 minutes.

Deux copines vous accompagnent. Vous êtes en possession d'un paquet rempli d'un certain nombre de ces délicieuses cacahouètes enrobées de chocolat.

Que faites-vous ?

A

Vous vous tapez tout le paquet.
Et pourquoi pas ?

B

Vous proposez à chacune de piocher dans votre paquet une cacahouète de sa couleur préférée...

C

Vous versez quelques cacahouètes dans le creux de leur main.

D

Vous renversez tout le paquet sur le trottoir pour diviser les cacahouètes en parts égales en espérant que ça tombera juste...

La bonne réponse est la réponse c : **partager ne nécessite pas d'être bon en maths puisqu'il s'agit justement de ne pas trop compter !**

« Tais-toi quand je parle ! »

Quelquefois, vous avez des choses à dire de la plus haute importance :

- Vous venez d'avoir 17/20 en maths...
- Vous êtes invitée à dormir chez une amie...
- Votre copine Vanessa a vomi à la cantine, ce midi...

Bref, autant de choses qui n'attendent pas !

Et pourtant, pas de chance, votre mère est en train de parler, avec la voisine, de la varicelle de son petit dernier.

Eh bien, rien à faire, **il vous faudra attendre** que cela se termine, prendre sur soi et peut-être même - horreur - **remettre à plus tard !**

C'est ça aussi, les bonnes manières !

En cas de vraie urgence, la formule à utiliser est : « **Pardon de vous interrompre mais...** »

Un peu d'ordre, par pitié !

Pourquoi, nom d'une chaussette sale, faut-il toujours ranger sa chambre ? Après tout, ce sont **VOS** affaires et vous en faites bien ce que vous voulez !

Certes, mais **les vraies questions** ne sont pas posées :

N'en avez-vous pas assez de supporter chaque jour les remarques désagréables (voire même les menaces !) de votre chère maman ?

Combien de temps perdez-vous chaque jour à retrouver votre cahier de maths ou votre CD favori ?

Devez-vous imposer ce bazar phénoménal aux copines qui viennent vous rendre visite ?

Alors par pitié, faites un petit effort !

Quitter la salle de bains...

Trois impératifs sont à respecter avant de quitter une salle de bains :

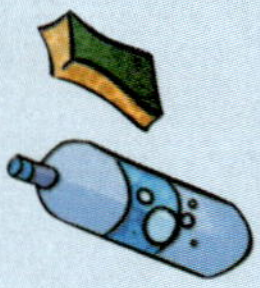

1 Vider la baignoire et passer un petit coup de jet d'eau.

2 Mettre les vêtements sales dans le bac à linge sale.

3 Ramasser les serviettes mouillées et les accrocher de façon qu'elles puissent sécher.

C'est trop de boulot ? Il vous reste la solution de ne plus vous laver du tout. (**C'est Maman qui va être contente !**) Mais choisissez plutôt de rester fraîche comme une rose et tirez sur le bouchon de la baignoire... **Bravo ! Quel effort !** Et merci pour ceux qui passeront derrière vous !

Telle maîtresse, tel chien !

Vos parents vous ont acheté un gentil petit toutou pour vos 10 ans. Quelle chance ! En plus, **il est si mignon !** Mais n'oubliez jamais que c'est vous, la maîtresse de ce charmant animal : un dressage rigoureux s'impose.

Voici ce que votre chien ne doit pas faire :

- Se jeter sur vos invités dès leur arrivée
- Leur lécher copieusement la figure
- Sauter sur leurs genoux dès que ceux-ci s'assoient.
- Confondre son panier avec le canapé du salon.
- Aboyer pour un oui ou pour un non.
- Quémander de la nourriture lorsque vous êtes à table.
- Faire caca ailleurs que dans le caniveau.

Cela fait beaucoup ? Oui mais sachez que l'on compare souvent les chiens à leurs maîtres. **Alors attention à votre réputation...**

Petit bric-à-brac de bonnes manières

Remerciez toujours d'avoir été invitée, surtout si vous venez de passer trois jours chez une copine...

- Tenez la porte à celui ou celle qui vous suit, surtout si cette personne est chargée ou si vous avez affaire à quelqu'un d'étourdi...

- N'oubliez jamais de rendre ce que l'on vous a prêté...

- Ne mettez pas les pieds sur les meubles même si vous êtes une fille mégacool...

ÉTAPE 3

À table : l'épreuve délicate

« Tiens-toi droite ! »

« Ne joue pas avec ton couteau ! »

« Ne trempe pas ta manche dans ton assiette ! »

Et voilà la sempiternelle avalanche de reproches qui vous dégringole dessus chaque fois que vous passez à table. C'est normal car savoir bien se tenir à table reste un défi : les règles sont strictes, nombreuses et compliquées. Les pages suivantes vous parleront des plus importantes...

Bonne chance à vous et ne vous inquiétez pas, tout le monde a le droit à l'erreur !

De quel côté le couteau, de quel côté la fourchette ?

Vous le saviez, mais à chaque fois, c'est pareil, vous ne vous en souvenez plus. Voici une petite astuce pour vous le rappeler définitivement, jusqu'à la fin de vos jours :

fourCHette à gauCHe
et donc couteau à droite !

C'est dingue comme avec trois fois rien on améliore l'ordinaire !

Comment tient-on ses couverts ?

On ne tient pas ses couverts à pleine main comme on tiendrait un marteau pour planter un clou. Mais on saisit ses couverts entre ses doigts, le dessus de la main vers le ciel, l'index posé sur la tranche de la fourchette ou du couteau.

Attention :
le couteau a priorité sur la fourchette : c'est toujours lui qui passe devant !

Il faut le savoir :

les spaghetti tout comme la salade **ne se coupent jamais** avec le couteau (et c'est sans parler des petits pois...) : les longues pâtes s'enroulent autour de la fourchette et les grandes feuilles vertes se plient en deux ou en quatre, à l'aide des couverts.
Tout un programme...

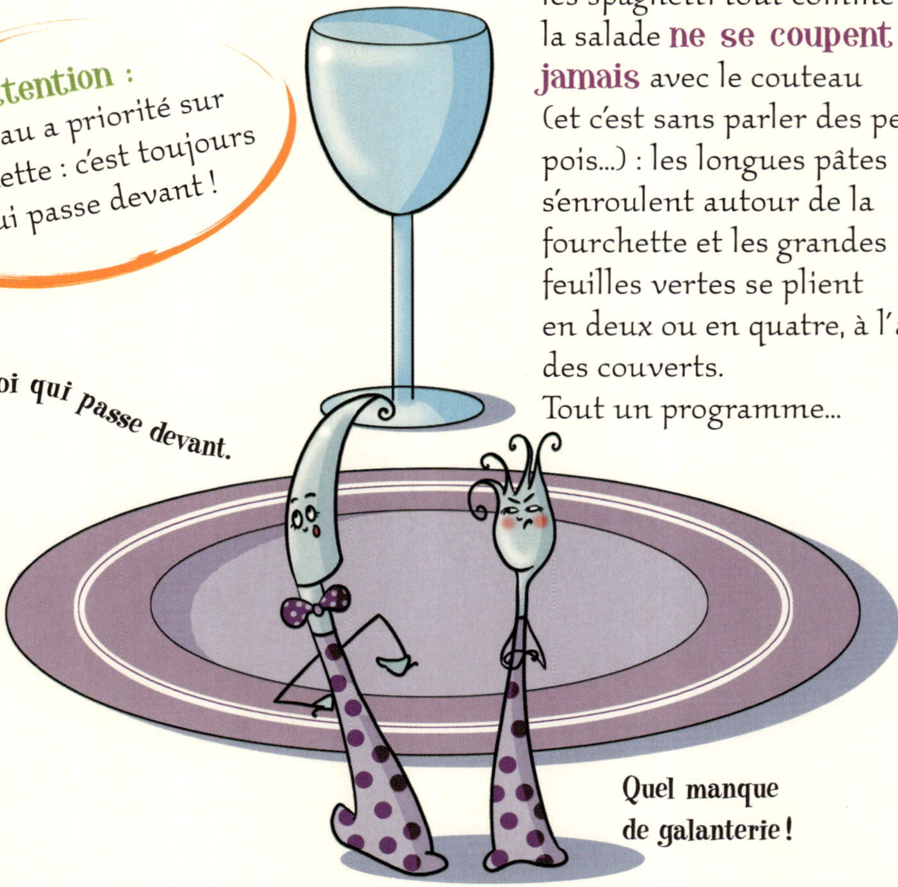

La fourchette, cette grande snob !

Au Moyen Âge, point n'était besoin de fourchette : on se contentait du couteau pour découper la tripaille et on se débrouillait avec les doigts pour le reste. S'il le fallait, on n'hésitait pas à croquer à pleines dents dans un gigot de chevreuil.

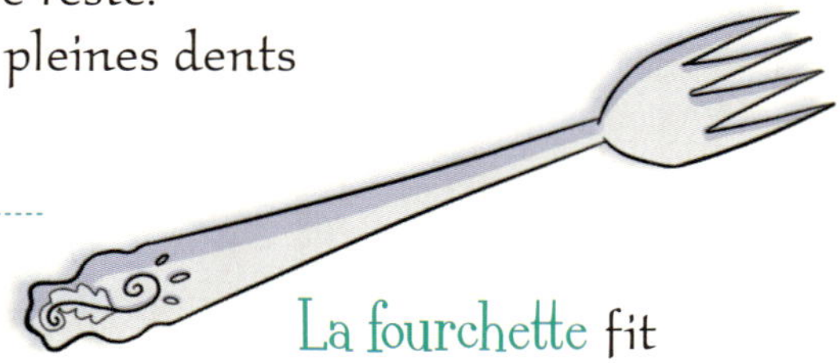

La fourchette fit son apparition à la fin du Moyen Âge. Mais enfin, il fallait être terriblement raffiné et snob pour oser s'en servir.
À sa table, Louis XIV, notre grand roi, était le seul à utiliser la fourchette : autour de lui, ses convives bâfraient joyeusement avec les doigts !

Les baguettes chinoises

L'occasion vous a sûrement déjà été donnée un jour de manger avec des baguettes : au début, c'est toujours très rigolo. Mais lorsque l'on n'ingurgite en moyenne que trois grains de riz par bouchée, on finit par trouver ça très énervant...

Il faut penser à approcher son bol près de son menton en le tenant fermement dans une main afin que les baguettes aient moins de chemin à faire jusqu'à la bouche : en cela, c'est exactement le contraire de notre façon de manger !

Dans les cas désespérés, vous pouvez tout à fait demander une fourchette, personne ne vous en voudra...

Quand la bouche est pleine...

→ Rigolo...

Dans l'Antiquité, le célèbre orateur Démosthène avait de gros problèmes d'élocution... Pour y remédier, il s'entraîna longtemps à parler haut et fort en plaçant dans sa bouche ... **de petits galets !**

→ Speak english very well !

Pour avoir un excellent accent en anglais, il est dit que rien n'est mieux pour s'exercer que de parler avec une patate chaude dans la bouche !

Yes !

En dehors de ces cas de figure très particuliers, VOUS ÉVITEREZ ABSOLUMENT LES FANTAISIES QUI SUIVENT :

- **Parler ou rire la bouche pleine** au risque de propulser une myriade de météorites alimentaires qui entreraient dans l'orbite de vos voisins...
- **Boire sans avoir vidé votre bouche** pour éviter de voir bientôt nager d'étranges poissons à la surface de votre verre...
- **Manger la bouche ouverte** et créer ainsi, en direct, toutes sortes de bruits aussi désagréables que dégoûtants...

Sachez-le dès maintenant, tout le monde n'aura pas votre classe et votre raffinement à table, surtout après la lecture de ce manuel !

Alors, si vous surprenez quelqu'un en train de parler la bouche pleine, soyez absolument élégante, **faites comme si vous n'aviez rien remarqué** (sauf s'il s'agit de votre petit frère...).

Ce n'est pas « la première qu'a fini qu'est la meilleure » !

Ce n'est pas parce que vous êtes servie en premier que vous devez vous jeter comme une affamée sur votre assiette. **Oh non, surtout pas !** Partant du principe que vous vous nourrissez tous les jours à votre faim, vous aurez l'obligeance et la grande politesse d'attendre que tout le monde soit servi et même que la maîtresse de maison ait commencé à manger.

Souhaitez alors « **bon appétit** » à toute la tablée, ce sera bien plus classe !

Couper un bout de fromage...

Figurez-vous qu'on ne coupe jamais la pointe d'un fromage même si c'est ce qui paraît le plus simple. Car, dans ce cas précis, le dernier à se servir n'aurait plus que la croûte à manger...

Il faut donc couper habilement des tranches dans le sens de la longueur suivant, si possible, un angle variable qui peut aller de 20 à 45 degrés, ni trop, ni trop peu...

Ce qui énerve les parents...

Faire « **crrraoao sleurc !** » avec sa paille au fond du verre.

Remplir son verre à ras bord...

Se vautrer les coudes sur la table ou se tenir la tête comme si elle allait tomber dans son assiette...

Surcharger outre mesure sa cuillère ou sa fourchette...

Tendre désespérément son assiette comme si on avait l'habitude de vous oublier...

Se lécher les doigts ou nettoyer son assiette avec sa langue...

Ronger un os en faisant le bruit du lion affairé sur une gazelle fraîchement trucidée...

« **Slurper** » sa cuillère de soupe... Et ne me dites pas que vous ne voyez pas ce que je veux dire...

Ce qui ne se fait pas, surtout chez les autres...

Dire qu'on n'en peut plus, qu'on a trop mangé...

Choisir le plus beau morceau : vous vous contenterez de prendre le premier qui vient...

Saucer avec son pain...

Piquer dans le plat, ou pire, dans l'assiette de son voisin...

Tremper sa tartine dans son bol.

Se servir une montagne de nourriture...

Engloutir de gros morceaux qui vous font ressembler à un hamster...

* Ce à quoi on ne pense pas toujours...

Boire un grand verre de lait ou un bol de chocolat et oublier que l'on a de belles moustaches...

« Passe-moi le pain ! »

Il est très préférable de demander poliment que l'on vous passe le pain ou la bouteille d'eau plutôt que de vous jeter sans prévenir par-dessus l'assiette de votre voisin pour attraper ce que vous voulez…

Par ailleurs, il faudra vous habituer à manger les coudes près du corps et à ne pas faire de grands gestes avec votre fourchette…

… d'autant plus lorsqu'il y a quelque chose accroché au bout…

Attention au piège !

Ne vous faites pas avoir comme c'est arrivé à bien des gens qui n'étaient pas au courant et qui furent franchement ridicules : la petite soucoupe qui contient une rondelle de citron n'est pas un délicieux rafraîchissement à boire mais bien un rince-doigts :

trempez-y délicatement vos doigts

que vous essuierez ensuite

sur votre serviette

et basta !

Le coup du gloubi-boulga...

Certaines d'entre vous gardent peut-être l'habitude prise dans leur petite enfance de couper toute leur viande en petits morceaux et puis, pire encore, de la mélanger aux coquillettes, avec un peu de sauce pour lier le tout.

Cela finit par ressembler davantage à la pâtée du chien qu'à un délicieux repas.

Apprenez à faire plus propre !

Ne coupez pas tout d'un coup et faites vos mélanges dans votre bouche : vous verrez, ce sera tout aussi bon !

Lorsque l'on n'aime pas un mets...

Je sais bien que souvent les enfants n'aiment pas la salade. Eh bien, c'est un tort ! Ce légume est excellent pour la santé ! Prenez-en toujours au moins une feuille, **surtout le vendredi, jour de poisson**. On n'imagine pas tout ce que l'on peut cacher sous une feuille de salade...

En d'autres termes, lorsque vous n'aimez vraiment pas ce qui se trouve dans votre assiette, pas la peine d'en faire tout un plat : laissez la chose maudite sur le bord et si l'on vous interroge, évitez de dire que vous trouvez ça vraiment dégoûtant.

Ne prenez pas votre air écœuré et ne repoussez pas votre assiette. Contentez-vous d'un « **excusez-moi mais je n'aime pas trop les épinards...** », ce sera amplement suffisant.

Ne pas demander l'autorisation...

Il faut toujours demander la permission pour faire ci ou pour faire ça. Et si, par malheur, on oublie, alors on se fait enguirlander comme ce n'est pas croyable...

Voici l'un des moments rares où l'on ne doit pas demander d'autorisation : **c'est celui où l'on aide à débarrasser la table !**

Pas cool du tout, me dites-vous ? Sans doute, mais cette initiative vous vaudra mille et un compliments, je vous le garantis !

On ne tarira pas d'éloges sur vous et vous vous ferez une réputation de **fille super bien élevée**, à moindres frais...

Avez-vous des questions ?

Cela va être drôlement difficile d'apprendre TOUT ce guide par cœur...

Par cœur ?

Non, surtout pas !

Il s'agit surtout de faire preuve de bon sens et de respect vis-à-vis des autres. Cela viendra bien plus facilement que vous ne le croyez et, bientôt, ce sera comme un réflexe, les doigts dans le nez, quoi ! Mais qu'est-ce que je dis ?

ÉTAPE 4

L'usage de ces objets « qui fâchent »...

L'utilisation de certains objets peut se révéler délicate. Par exemple, il est toujours très facile de répondre au téléphone lorsque c'est une copine qui est à l'autre bout du fil.

Malheureusement, il y a aussi

- ★ le plombier qui appelle suite à ses quelques retards,
- ★ les copines de maman qui parlent beaucoup et posent 120 questions à la minute...
- ★ Mamie Ginette qui a encore oublié ses lunettes à la maison...

(À se demander comment on faisait SANS le téléphone...)

bref, un monde... mais un monde !

Le **pire** dans cette histoire est que vous n'avez pas intérêt à oublier de communiquer un seul de ces messages au risque que l'on vous en veuille comme si vous aviez eu un zéro en maths. **Alors, soyez méthodique, s'il vous plaît.**

Veuillez noter sur un papier :

- ▲ le nom de celui ou de celle qui téléphone
- ▲ l'heure de son appel
- ▲ le message à transmettre.

↗ Laissez bien en évidence ce papier près du téléphone. Demandez en échange que l'on fasse pareillement pour les appels qui vous concernent !

Les dangers du portable

Peut-être avez-vous déjà la chance d'avoir un téléphone portable. Peut-être pas et alors, je sais par expérience que vous mettrez tout en œuvre pour en avoir un à Noël ou à votre anniversaire.

Bonne chance à vous !

C'est trop génial d'avoir un téléphone pour soi toute seule, c'est vrai. Et pourtant, voici bien un sujet qui fâche...

Sachez déjà ce qui **énerve** les parents...

- Le forfait qui ne « forfaite » plus le 15 du mois et qui fait que vous n'avez pas pu téléphoner à votre mère lors d'un cas d'urgence...

- Prendre votre téléphone pour calculer 7 x 8...

- Essayer pour la quinzième fois toutes les sonneries.

- Jouer avec votre portable pendant que la coiffeuse vous fait un shampoing ou que le dentiste vous soigne la dent du fond...

- Le portable qu'on a laissé dans sa poche et qui sonne en plein milieu du repas : je vous déconseille vivement de répondre, surtout si c'est **Vanessa** qui appelle pour vous raconter une blague...

- Trimballer partout votre portable, y compris aux toilettes et pendant le brossage de dents...

Ce qui **plaît bien** aux parents…

L'idée qu'ils pourront vous joindre à coup sûr, quel que soit l'endroit où vous êtes…

ouais m' man …
tout va bien !!!

Que vous leur téléphoniez pour leur dire que vous êtes bien rentrée…

Que vous appeliez pour prévenir que vous serez en retard…

Le baladeur et la console de jeux

En voilà deux, c'est sûr, qui rendent sourd…

Si vous voulez éviter de vous faire confisquer tout votre matériel, ne vous faites pas tirer l'oreille, à chaque fois, pour obéir ! Il faut le savoir aussi, les bonnes notes à l'école peuvent augmenter considérablement le temps autorisé à passer devant sa console de jeux…

Le code de la route… sur le trottoir !

Vous êtes en rollers, en patins à roulettes, en patinette ou à vélo sur le trottoir.

À qui devez-vous laisser la priorité ?

- Aux piétons arrivant sur votre droite
- Aux chiens tenus en laisse
- Aux personnes ayant une canne ou un revolver
- Aux enfants armés d'une tétine

Que les choses soient claires : si vous êtes grimpée sur des roulettes, **vous n'aurez jamais la priorité sur un trottoir**. Vous devez donc être suffisamment habile pour pouvoir vous effacer à tout instant !

Peut-on dire des gros mots ?

Et puis quoi encore ? Manger avec les pieds ? Se gratter la tête avec sa fourchette ? Merde alors ! Enfin, je veux dire, zut alors ! Dire des gros mots, comme vous le voyez, c'est facile, ça fait « **genre** » mais, en revanche, cela ne vous aidera nullement à résoudre un problème, quel qu'il soit.

Pire encore : sachant que **vous serez souvent jugée sur la façon dont vous parlez**, dire des gros mots vous donnera une réputation de fille super mal élevée, vraiment **pas classe du tout...**

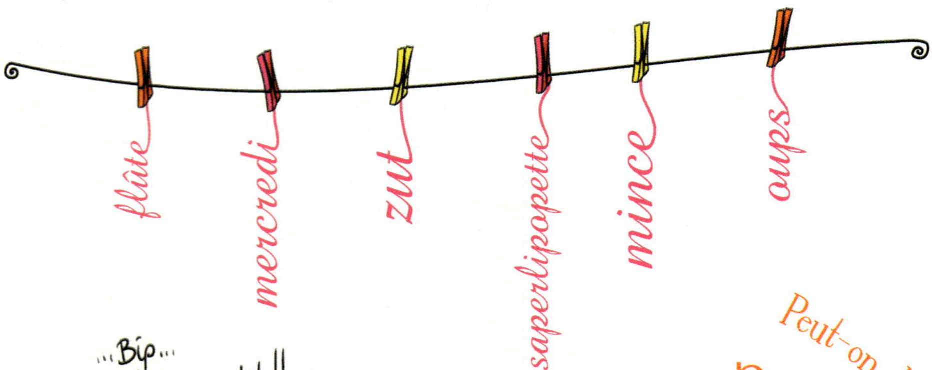

Peut-on dire tout ce que l'on pense ?

Bonne question.
L'idée est qu'il ne sert à rien de blesser quelqu'un inutilement.
À ce titre, vous éviterez de dire tout haut chaque remarque à deux centimes qui vous passe par la tête, du style : « **Bonjour le paquet de boutons qu'elle a sur la figure** » ou encore « **Elle est sympa mais ses baskets sont vraiment nases** »...

Avez-vous des questions ?

Mais à la fin, à force de bonnes manières, est-ce que l'on n'aura pas l'air d'une fille hyperchichiteuse, trop snob, un rien casse-pieds ?

Pas si vous restez **naturelle et décontractée.** De bonnes manières n'empêchent pas d'avoir de **l'humour** et de la **fantaisie !** Vous gagnerez ainsi, c'est sûr, le respect et la sympathie des autres.

Et puis, la vie ne sera-t-elle pas plus facile si chacun de nous prête un peu plus d'attention à son voisin ?

Dépôt légal : mai 2006
ISBN : 2.7459.1652.1
Imprimé chez Pollina en France - n° L99948